Alex Orbe · Philippe Lambillon · Lapuss'

Les aventures du Bourlingueur

Au fil du Napo

Couleurs : Alex Sanvi

renaissance du livre

renaissance du livre

www.renaissancedulivre.be
Renaissance du Livre
@editionsrl

Avenue du Château Jaco 1
1410 Waterloo

ISBN : 978-2-50705-285-0
Dépôt légal : D/2015/12.763/24

Achevé d'imprimer en mai 2015 sur les presses de l'imprimerie V.D. (Temse).

AEROPUERTO INTERNACIONAL MARISCAL SUCRE
Première étape : l'Équateur !
J'ai hâte de découvrir tous les trésors qu'offre cette région !
Mais avant toute chose, je dois trouver un taxi...
Taxi !
Señor !
Here !
Argh !
Taxi !
Come !
Eh bien, au moins, j'ai le choix !
Transport pas cher ? Transporte barato ?
Si !
Parfait !
Allons-y alors !
Vamonos !
Une carotte ?
Qu'est-ce que...
Très bien...
J'imagine qu'il n'est pas équipé d'un GPS...

Bon, il y a un mot pour le faire avancer ?
Pour qu'il s'arrête ?
M... Merci !
Raah ! Stop !
Ne m'en veux pas, mais je vais descendre ici !
Rarement vu un âne aussi vif... J'ai mal...
J'ai le derrière en marmelade...
Ice cream, señor ?
Ahhh... C'est moins rapide mais au moins ça soulage !
En avant, Miguel !

Merci pour le transport, Miguel ! Je vais continuer en stop !
Muchas gracias !
Voilà déjà une voiture qui s'arrête !
La chance tourne, mon bon Phil !
Merci de vous être arrêté !
Gracias !
Vous me dépannez !
C'est compliqué depuis l'aéroport !
Aeropuerto, compris ?
Bref...
Sans parler de l'âne et du marchand de glaces...
Plus rien ne peut m'arriver maintenant !
Ah ?
On s'arrête déjà ?
Mais...!!
AEROPUERTO INTERNACIONAL MARISCAL SUCRE
RAAAAAH!
NOOOOON!

OPUERTO INTERNACIONAL MARIS
Retour case départ...
Oh ! Je peux vous aider, mademoiselle ?
Gracias, señor !
Je m'appelle Philippe !
Encantada ! Moi, c'est Daniela !
Tu voyages ? Je peux t'aider ?
Ah, peut-être !
J'essaie de rejoindre le Rio Napo !
Monte ! Je peux t'y conduire !
Mais je passe à la réserve naturelle d'abord.
Merci, tu me sauves !
Il faudra juste se serrer un peu à l'arrière...
Je dois déposer un petit groupe au zoo...
Je crois qu'ils t'ont adopté !
Quelle chance...

Nous sommes arrivés !
C'est un des petits paradis que j'ai créés !
On va passer la nuit ici. On reprendra la route demain matin.
La réserve s'étend sur plusieurs hectares et abrite plus de 200 espèces.
Et tu gères le domaine toute seule ?
Non !
Je mets en place les structures !
Je suis vétérinaire...
Ah ! Fais attention quand même, certains animaux peuvent être pénibles...
Ne t'inquiète pas, les animaux m'adorent, ils finissent toujours par se jeter sur moi !
Je parlais surtout des fourmis géantes...

Une petite balade, Phil ?
Avec plaisir !
Tu sens cet air pur ?
Et admire ce paysage ! Moi, ça me rebooste !
Oh !
Regarde ce tatou !
Il est incroyable !
C'est rigolo, il est le portrait craché de Mme Tilquin, mon ancienne professeur de français.
Je dois absolument mettre ça sur ma page Facebook !
Hop ! "Moi et Mme Tilquin..."
Hahaha !
TING!
"Denise Tilquin aime votre publication"
Tu ne prends pas l'ours à lunettes en photo ?
Non... Il me rappelle mon ancien prof de gym.
Je ne vais pas prendre de risques...

Aaaah !
J'ai sacrément bien dormi, dis donc.
Bwaaaaaah !
Daniela !!
Une bête sauvage dort dans mon lit !
Pas de panique Phil !
C'est Nacho, notre tapir.
Il est totalement inoffensif !
Oui, ben moi, je vais prendre une douche...
Au moins, pas de mauvaise surprise ici...

Voilà, Phil ! Je peux te déposer ici.
Tu n'es plus très loin du Rio Napo.
Je te laisse mon numéro en cas de besoin.
Merci Daniela !
À bientôt !
Adios !
Pourvu qu'une bonne voiture s'arrête.
RIO NAPO
Holà !
Vous allez vers le Rio Napo ?
Oui !
Moi aussi !
RIO NAPO
Super !
Allons-y, alors !
Fantástico !
C'est loin ?
Pardon ?
Votre voiture, elle est loin ?
Ah non, je croyais que vous...
Ben non... C'est vous qui..
Non...
Hello !
Vous allez vers le Rio Napo ?
RIO NAPO
Rio napo

Ah, enfin !
Vous pouvez m'emmener au Rio Napo ?
Si, si !
Gracias, vous me sauvez !
De nada !
C'est loin ?
Non, nous y serons vite !
Je connais le coin comme ma poche !
D'accord, mais regardez la route quand même !
Une boisson ? Nous sommes presque là…
Non merci !
La route, por favor !
Nous sommes pratiquement arrivés !
Regardez la route !!
TAP TIP TOP
Aaaaaah !
SKRAAAS
Ne dites rien…
Nous sommes arrivés !

Enfin !
Le Rio Napo !
La perle de l'Amazonie qui s'offre à moi !
Je dois vite trouver de quoi naviguer !
CANOAS
Voilà, parfait !
Une pirogue ? Bien sûr ! Vous payez cash puis vous ramenez l'embarcation à mon cousin qui vous rendra la caution...
Ça me va !
La boutique de mon cousin Pablo est à quelques kilomètres, vous la reconnaîtrez !
OK, gracias !
Houlà !
Ce n'est pas très stable !
C'est un peu dangereux...
Vous n'avez rien pour la sécurité ?

Quelle splendeur !
Ça vaut toutes les cartes postales du monde !
1 500 kilomètres de long et chaque centimètre est de toute beauté !
En revanche, cette pirogue est d'une lenteur...
Ce n'est pas croyable !
Il va m'entendre, le cousin...

Bwaaah !
J'ai un petit coup de pompe, moi...
Je vais faire une petite sieste.
Tiens, pourquoi ces braves gens me saluent ?
Cuidado, señor !
Cuidado, señor !
Cuidado !
Oui !
Bonjour !
Buenos dias !
Cuidado !
Cuidado, señor !
Oui, oui ! Au revoir ! C'est ça.
Ils sont gentils, les locaux...
Mais un peu bruyants...
Ça veut dire quoi, déjà, "cuidado" ?
"Attention", je crois...

C'est l'heure du casse-croûte ! Je vais me poser un moment sur cette rive...
Un sandwich avec confiture locale sur du pain artisanal !
Miam !
Et tout ça avec une vue panoramique !
C'est sûr que le cadre est enchanteur...
Mais ça manque un peu de copains pour partager ce moment...
?
BZZZZZ
BZZZZZZ
Ah...
BZZZZZZ
Je n'en demandais pas tant...
BZZZZZZZZ
BZZZZZZ
BZZZZZ

Pfff...
Quelle chaleur !
Eh, mais j'y pense ! J'ai pris mon mini ventilateur de poche.
Ahhh !
On dira ce que l'on voudra mais un peu de technologie, ça a du bon, parfois !
FRRRRRT
Mais...
FRPPTTT
Raaah !
La pile est plate !
Et je n'en ai pas d'autres, évidemment !
Et où vais-je trouver des piles en pleine Amazonie ?!
BATTERIES BATERÍAS

Allez, petite pause lecture !
Le Rio Napo de A à Z.
Les incontournables, la cuisine, le logement, la faune, la flore.
J'ai bien fait d'apporter ce livre, il est passionnant !
Il contient tellement d'infos qu'il ne peut rien m'arriver pendant ce voyage !
OK...
On ne panique pas...

Rollin', rollin', rollin' on the river !
Rollin', rollin'
Salut, toi !
Ma voix te plaît, on dirait.
Je ne te cache pas qu'à une époque, on m'appelait le rossignol voyageur !
Écoute ça ! Fly me to the moon ! Let me play among the stars...
Haha !
À bientôt, ma première groupie !
Fly me to the moon...
Je n'ai jamais entendu un oiseau chanter aussi mal...
Il doit être malade !

Bon... Qu'est-ce qu'on fait ?
Parce que, pour le constat, je vous avoue que je n'ai ni les papiers ni le permis pirogue...

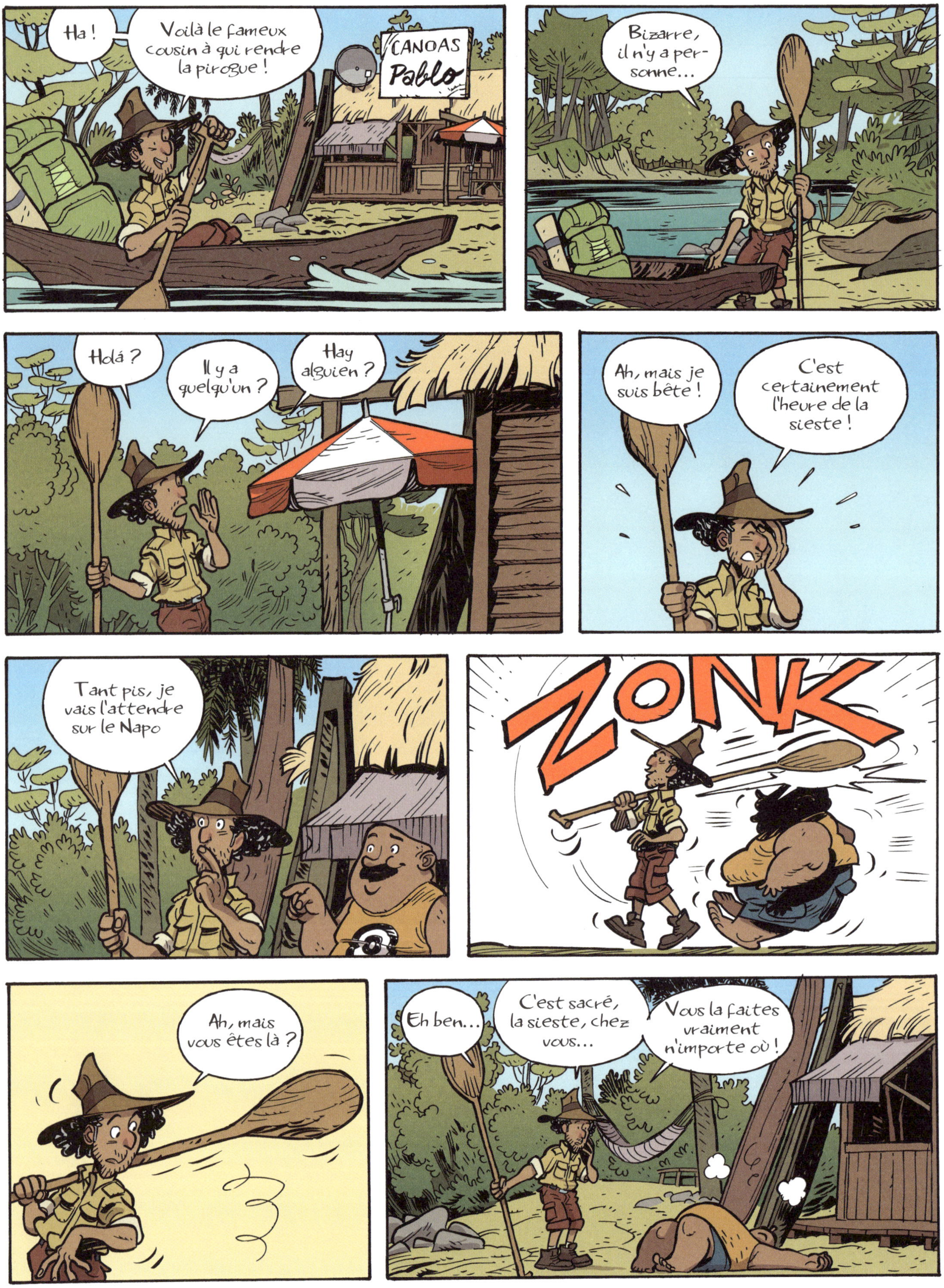
Ha !
Voilà le fameux cousin à qui rendre la pirogue !
CANOAS Pablo
Bizarre, il n'y a personne...
Holá ?
Il y a quelqu'un ?
Hay alguien ?
Ah, mais je suis bête !
C'est certainement l'heure de la sieste !
Tant pis, je vais l'attendre sur le Napo
ZONK
Ah, mais vous êtes là ?
Eh ben...
C'est sacré, la sieste, chez vous...
Vous la faites vraiment n'importe où !

D'après ma carte, je suis pile à la frontière entre l'Équateur et le Pérou.
Voilà justement une boutique de souvenirs péruviens !
ShoP
Waw !
C'est magnifique !
Bonjour ! J'aimerais vous acheter un petit souvenir.
Ce joli porte-clé par exemple !
Qu'est-ce qu'il est mignon, votre petit singe !
Comment s'appelle-t-il ?
Miam miam !
Miam miam ? Mais ce n'est pas un nom, c'est...
Vous voulez dire que... ?
Nooon !
Si !
Je ne peux pas laisser faire ça !
Combien ?!
Tu es officiellement le plus gros porte-clé que j'aie jamais rapporté de voyage...

Bon, il va falloir te trouver un nom maintenant !
J'avais pensé à Jiva en souvenir de la boutique jivaro où je t'ai rencontré...
Mais ça veut dire "sauvage" et ce n'est pas très logique, tu es si adorable !
Ah mais la voilà, l'idée !
Le vrai nom des jivaros est "shuars" !
Que penses-tu de "Shu" ?
Haha ! Ça a l'air de te plaire !
Pourquoi tu t'agites ? Que veux-tu me dire ?
Piojos, señor !
Piojos ?
Des poux ?
Il veut dire que...
Encore cinq minutes et c'est mon tour, hein !

J'ai faim !
Pas toi, Shu ?
Huum... Tu sens cette odeur ?! Ce sont des...
...juanes !
CÉSAR
Dos juanes, por favor !
Tout de suite, señor !
Vous en avez déjà goûté ?
Oui, ce sont de délicieuses boules de riz cuites dans des feuilles de bananier.
Exacto !
Un peu de salsa avec ?
Je vais essayer votre sauce maison !
Maison ? Vous êtes sûr ?
Oui !
Chomp chomp...
Qu'est-che que vous faites ?
Un instant ! Patiencia !
Glups !
Bwaaaaaah !
GLOU GLOU GLOU
Je fais la salsa la plus pimentée de la région !
Ça vous plaît ?

Vous êtes sûr que je ne vous dérange pas, César ?
Pas du tout !
Ça me fait muy placer de te présenter ma familia !
Voici Gabriela, ma mujer !
Enchanté !
Es un placer !
Ma hija, Liz !
Qu'elle est mignonne !
Et eux, ce doit être vos fils !
Salut ! Moi, c'est Phil !
On joue au foot aussi chez moi !
Hop !
Porqué il joue avec les niños du voisin ?
No sé... C'est peut-être une coutume en Europa ?

C'est gentil de m'inviter à dormir chez vous cette nuit !
Es natural !
Mmmh, ça sent bon !
Qu'est-ce que c'est ?
Un ceviche, une receta familiale ancestrale !
Je vais vous aider et mettre la table.
Ah si, gracias ! C'est presque prêt !
Tiens, où est Shu ?
Attention ! Caliente !
Espero que ça vous plaira !
Ce plat est muy especial !
C'est-à-dire ?
Je suis segura que vous n'en avez jamais mangé !
Jamais mang...
Shu !!
Aaaah !
Tu es là !
Bouhouh !
Qué le has dicho pour qu'il se mette dans un état pareil ?
J'ai juste dit que le plat était especial et c'est le cas !
C'est la recette de mi abuela !

Qué tal ? Vous êtes bien installé ?
C'est parfait, gracias !
Si vous avez besoin de cualquier cosa, vous n'avez qu'à crier !
Buenas noches, César !
Cet endroit est vraiment charmant !
Ouste, toi !
Heureusement que les petites bêtes comme toi ne m'effraient pas !
AAAAAAAAAAAAAAH !
Il est simpático, Phil...
Mais il crie beaucoup quand même...

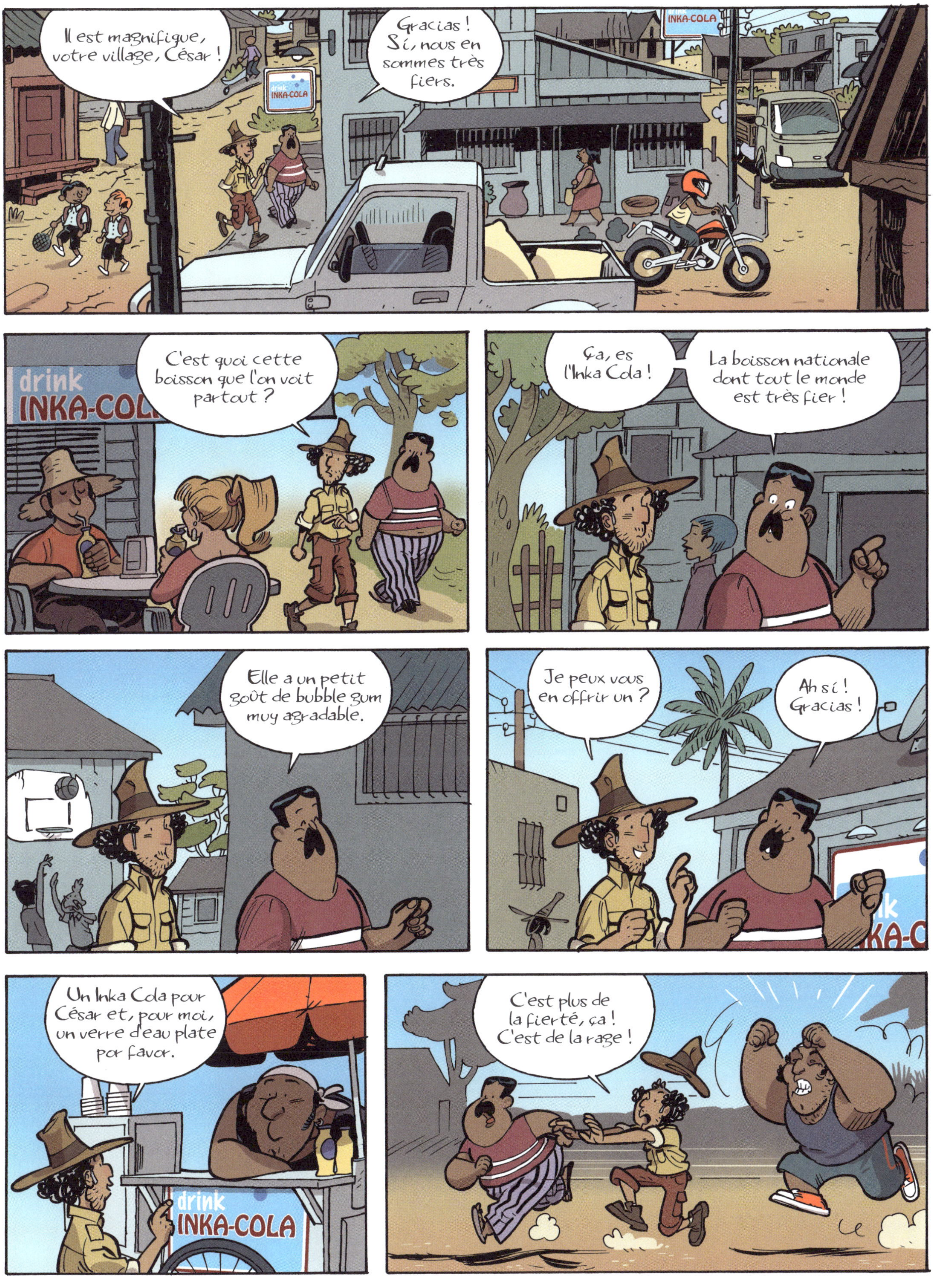
Il est magnifique, votre village, César !
Gracias ! Sí, nous en sommes très fiers.
drink INKA-COLA
drink INKA-COLA
C'est quoi cette boisson que l'on voit partout ?
Ça, es l'Inka Cola !
La boisson nationale dont tout le monde est très fier !
Elle a un petit goût de bubble gum muy agradable.
Je peux vous en offrir un ?
Ah sí ! Gracias !
Un Inka Cola pour César et, pour moi, un verre d'eau plate por favor.
drink INKA-COLA
C'est plus de la fierté, ça ! C'est de la rage !

Ici, les ancianos se retrouvent pour jouer ensemble...
Certains ont choisi le backgammon, d'autres las cartas...
Mais el juego qui a le plus de succès ici, ce sont les échecs ! Un plateau particulier avec les conquistadores contre les Incas...
Ah, je crois qu'il vous invite à jouer !
C'est vrai ? Je peux ?
Échec et mat !
El doctor demande s'il peut garder le roi que l'ancien vous a fait avaler ?
SILENCIO

Il est l'heure de se dire au revoir.
C'était un plaisir !
Pour nous también !
On tenait à vous offrir ces quelques spécialités du pays, un regalo !
Oh gracias ! Ça me touche beaucoup !
Attendez, moi aussi j'ai quelque chose pour vous !
J'ai toujours quelques bonbons avec moi. Il n'y en a pas beaucoup mais je suis sûr que vous aimerez !
Adios !
Ils vont me manquer ! Quelle paix dans leur foyer !
Il ne reste plus qu'un bonbon...

Prêt pour un peu d'aventure, Shu ?
Attention, je parle de la vraie aventure !
Au coeur de la forêt amazonienne !
Celle de tous les dangers, de tous les frissons...
L'aventure de la liberté, loin de la civilisation et de la société de consomma...
...tion...
drink INKA-COLA

J'ai un peu l'impression qu'on n'avance pas...
Eh, ce n'est pas bête du tout ! De liane en liane, ça va aller plus vite !
Tu permets que j'essaie ?
Allez hop !
C'est parti !
?
POC !
Des frelons !!
ZZZZZZ
Bon... Au moins, on va plus vite !
ZZZZZZZZZZZZZZ

J'ai faim ! On casse la croûte, Shu ?
Ah non ! C'est trop facile !
Nous sommes en pleine jungle, nous devons nous débrouiller.
Le tout, c'est de trouver une bonne source de protéines...
Tu vois cette noix trop mûre ?
Je suis sûr qu'elle contient une larve bien juteuse !
Aaah !
Tu vois !?
Beurk !
Une barre multi-céréales, c'est bien aussi !

Et si nous prenions quelques photos en souvenir ?
Arrête de faire des grimaces !
CLICK
Ma parole, ces moustiques sont vraiment partout !
Tiens-moi ça, je vais arranger le problème.
Tu vois cet arbre ?
En plus d'être apaisante, sa sève fait fuir les moustiques...
CLICK
Tu sais, Shu, la nature peut nous fournir tout ce dont on a besoin !
CRACK !
Évidemment, il faut choisir un produit qui n'attire pas les sangliers !

Allez, entre dans la tente, Shu !
La nuit va bientôt tomber.
Tu as l'air bien pressé de dormir ! Hahaha !
ZIP!!!
Mais... Ouvre-moi tout de suite !
La fermeture éclair est coincée !
Je te préviens, Shu... Pas question que je dorme dehors !
Je compte jusqu'à trois...
Un...
Deux...
7450...7451...

On a bien fait de lever le camp, il commence à pleuvoir !
PLIC
Dépêche-toi, Shu ! Il faut trouver un abri !
Nous revoilà près du Napo, on va se réfugier dans ce petit village.
Venez vite vous mettre à l'abri, señor !
Gracias !
Vous voulez que je porte votre sac ?
Ça ira, j'ai l'habitude, vous savez.
Dis donc...
Elle est compacte, cette gadoue !
Euh... Vous voulez toujours m'aider ?

Quelle averse ! C'était intense !
Merci pour l'abri !
De nada !
Je m'appelle Phil !
Soy Diego !
Le ballon, señor !
C'était notre unique ballon...
Euh... Si vous avez quelques noix de coco, je peux vous apprendre la pétanque, éventuellement.

Tu manges avec nous, Phil ?
Ça sent tellement bon ! Je ne peux pas refuser !
C'est du paiche, c'est ça ?
Exacto !
Mmmh, j'adore le poisson frit !
Comment dit-on "succulent" dans votre dialecte ?
Krrr !
Krrr !
Krrr Krrr !
Krrr !
Ah OK ! Je ne dois pas avoir le bon accent !
Répète ?
Krrr !
Euh... Diego ?
Vous en avez mis du temps à voir qu'il s'étranglait !

Adios Phil !
Adios Diego ! Et merci pour l'accueil !
Je suis sûr que nous sommes déjà passés par ici, ma choupette.
Vous avez l'air perdus, je peux vous aider ?
Ah, volontiers ! Nous devions rejoindre la barque touristique et nous avons perdu notre guide !
Allez, suivez-moi ! On va longer le Napo, je suis sûr qu'on va le retrouver !
C'est bizarre quand même de perdre son guide... Comment vous avez fait ?
Mais... Où sont-ils passés ?
Eh oh !?
Ah, vous êtes là ? Nous nous sommes arrêtés pour prendre des photos et on vous a perdu !

Nous allons continuer le long de cette rive. Nous devrions apercevoir votre barque plus facilement !
Mais avant ça, faisons une petite pause rafraîchissements.
Mais... Que fait-il ?
Il en rêve depuis qu'on est ici mais le guide lui a interdit de se baigner !
Youhou ! Choupinou !
Vous savez, si le guide vous l'a interdit, c'est qu'il y a certainement une raison...
Vous devriez l'écouter !
À cause des caïmans ?
Entre autres !
Je pense aussi aux sangsues et aux autres parasites qui grouillent là-dedans !
Descends, choupinou, j'ai peur qu'il y ait des serpents dans cet arbre !
Oui, descendez, choupinou...
Et épargnez-nous cette vue !

C'est encore loin, vous pensez ? Je suis mort de faim...
Allez, un peu de courage ! Vous allez y arriver !
Regardez !!
Votre barque !
On accélère le pas, les amis !
Holà... Courir sans avoir mangé, c'est un coup à faire de l'hypoglycémie, ça !
Bravo chéri !
Tu vois, tu as des ressources !
Ha ha !
Il a surtout eu la mauvaise idée de voler la banane de Shu !
GRRRR RRRRRRR RR R

C'est ici qu'on se dit au revoir.
Faites bon voyage !
Merci Phil, sans toi, nous n'y serions jamais arrivés.
Attends, je te donne ma carte, il faut que l'on se revoie !
Elle est dans mon sac !
Ben... il est parti ?
J'aurais tant aimé lui dire au revoir...
Oui, moi aussi !
C'est bizarre... Il était tellement sympa que j'ai l'impression d'entendre encore sa voix !
À... À l'aide...

Le voyage touche à sa fin, Shu...
Il est temps d'aller prendre notre avion !
Oui, je suis triste aussi...
Cette région est magnifique !
En revanche, c'est toujours aussi compliqué de faire du stop...
Ah, voilà une voiture, fais ton plus beau sourire, Shu !
Oh oui ! Elle s'arrête !
iiii
Tu vois ! La chance est toujours avec nous !
GRUiii
GRUiii
GRUUiiii
GRUiii
GRUiii
GRUi?

Gracias !
Bon... Terminé, les transports d'animaux !
Pas celle-ci...
Non plus...
Ah !
Allons-y Shu !
AEROPUERTO
Buenos dias ! Est-ce que l'on peut voyager avec vous ?
Bien sûr !
Aeropuerto Coronel FAP Francisco Secada Vignetta
Voilà señor !
M... Merci ! Je veux sortir maintenant...

Au revoir, l'Amazonie !
J'ai hâte de t'emmener à la maison !
Par contre, il faut ruser ! Tu ne peux pas embarquer avec moi dans l'avion.
Ah ! Sous mon chapeau ? Pourquoi pas !
Petit futé !
Stop, señor !
Rien à déclarer ?
Hein ?
Euh, non !
POLICIA
Posez votre sac sur le tapis...
...et enlevez ce chapeau !
Ah non, pas le chapeau !
Su sombrero, señor !
Vite !
Je ne peux pas !
J'ai... euh... des poux !
Des poux ?
Si ! Piojos !
Ça grouille de partout sous le chapeau et...
Ça va, ça va !
Allez-y !
Gracias !
Pour la dernière fois !
Tu n'as aucun pou !
Regarde mieux !

Si vous avez besoin de quoi que ce soit, appelez-moi !
Merci, mademoiselle !
Reste caché, Shu !
On va se faire repérer !
On se regarde les photos du voyage, Shu ?
Ça, c'est dans la réserve avec Daniela, c'était superbe !
Je t'y emmènerai un jour, si tu veux.
Regarde ça, Shu !
Toute la beauté du Río Napo sous un coucher de soleil !
Ah ça suffit, hein !
Mademoiselle !
Un problème, monsieur ?
Je veux changer de place !
Ça fait un quart d'heure que ce monsieur me raconte sa vie en m'appelant "chou" !

On est arrivés, Shu !
Nous sommes dans l'aéroport, tu peux sortir !
Aaaah !
"Home sweet home", comme on dit !
Oups ! Pardon !
'Pouvez pas regarder devant vous ?
L'avion a du retard !
Qu'est-ce que tu veux que je te dise ?!
Ah bravo ! Tu as oublié l'appareil photo !
Je ne peux pas penser à tout, hein !
Un billet pour le Congo, s'il vous plaît !
Sun airlines

Des mêmes auteurs :

Lapuss'

Le Piou (scénario) – scénario : Tartuff ; dessin : Baba
4 tomes - Éditions Dupuis et Éditions Monsieur Pop Corn

Ma vie de papa (scénario et dessin)
1 tome - Éditions Monsieur Pop Corn

In vitro veritas (scénario et dessin)
1 tome - Éditions Monsieur Pop Corn

Alea Gesta Est (scénario et dessin)
1 tome - Éditions Monsieur Pop Corn

Chats chats chats (scénario) – dessin : Philippe Larbier
1 tome – Éditions Delcourt

Les Damnés de la route (scénario) – dessin : Achdé et Michel Rodrigue
1 tome - Éditions Bamboo

Les déprimantes aventures de Jack Russel (scénario et dessin)
1 tome - Éditions Monsieur Pop Corn

Les Grandes gueules de RMC (scénario) – dessin : Baba – couleurs : Tartuff
1 tome - Éditions Caméléon

Alex Orbe

Découvez l'univers du dessinateur Alex Orbe sur www.alexorbe.com